Martin Kämpchen

Vom rechten Maß

Martin Kämpchen

Vom rechten Maß

21 Schritte zur Lebenskunst

Vier-Türme-Verlag

Bibliographische Information der Deutschen Nationalbibliothek
Die Deutsche Nationalbibliothek verzeichnet diese Publikation in der Deutschen Nationalbibliographie. Detaillierte bibliographische Daten sind im Internet über http://dnb.d-nb.de abrufbar.

FSC www.fsc.org
MIX
Papier aus verantwortungsvollen Quellen
FSC® C014889

1. Auflage 2014

Umschlagmotiv: Gregor Schuster/Corbis
Druck und Bindung: Pustet, Regensburg
ISBN 978-3-89680-877-6

www.vier-tuerme-verlag.de

Inhalt

Vorwort

Vor uns liegt ein anregendes Buch mit vielen Betrachtungen zur Wirklichkeit unseres Lebens, ein Buch, das zur Lebenskunst führen möchte. Nicht im Sinne eines Ratgebers. Die Essays sind dazu angetan, immer weiter zu lesen, es sind Schritte, und man möchte zum Ende gelangen. Und doch sind es Kapitel, bei denen wir verweilen und sie »durchkauen« sollten, wie es die alten Mönche mit heiligen Texten getan haben – so lange, bis sie ganz in uns eingegangen sind. Sie bieten keine Lösungen, sie fordern unsere freie Entscheidung heraus, sind aber eine Anleitung, unsere Freiheit wahrnehmen zu können, sie zu entfalten, sie als ein verantwortungsvolles Geschenk zu erfahren.

Das rechte Maß, die maßvolle, rechte Unterscheidung ist gemäß der Regel des abendländischen Mönchsvaters Benedikt die »Mutter aller Tugenden«. Sie ist je neu gefordert. Wir wollen allzu oft eine absolute Klarheit, eine perfekte Ordnung, ein für alle Mal. Die Wirklichkeit des Menschen ist eine andere, und es gilt, immer wieder abzuwägen und den rechten Weg zu suchen. Martin Kämpchen versteht es aufgrund seiner Verwurzelung in der christlichen Tradition und seiner Erfahrung in Indien, die abendländische Weisheit mit der indischen zu verbinden und damit ein einzigartiges Werk zu schaffen. Dieses Buch vom rechten Maß ist kein übliches Lehrbuch mit Anweisungen zu einem erfolgreichen Leben, es ist ein Buch der Weisheit, in dem der Reichtum von West und Ost miteinander verschmelzen. Es ist ein nachdenklich stimmendes, unfertiges Buch; daran weiterzuarbeiten, ist den Leserinnen und Lesern aufgetragen – zur Freude an einem guten Leben.

Notker Wolf OSB,
Abtprimas des Benediktinerordens

Einführung

Was heißt »Vom rechten Maß«? – Wer nicht wiegt, abwiegt, abwägt, findet das rechte Maß nicht. Das heißt, es sind stets zwei Gegenstände, Zustände oder Lebenshaltungen, die gegeneinander abgewogen werden. Keine Waagschale ist leer, keine ganz gefüllt. Anders gesprochen: Es gibt im Leben kein Entweder-oder, kein Schwarz-Weiß, Positiv-Negativ. Es gibt keine sich ausschließenden Gegensätze. Inder ziehen es vor, in Polaritäten zu denken und zu empfinden. Eine Sache kann *sowohl* gerecht *als auch* ungerecht sein oder nicht ganz gerecht, aber auch nicht nur ungerecht. Unsere Aufgabe besteht darin, in unserem täglichen Leben das rechte Maß zwischen dem einen und dem anderen Pol zu finden.

Der eine Pol reicht in seiner Wirkmöglichkeit bis an den Gegenpol heran und umgekehrt. Es gibt keine kategorischen Grenzen zwischen dem einen und dem anderen, sondern gleitende Unterschiede, fließende Übergänge. Etwas ist situationsgebunden richtig und gerecht in dem einen Augenblick und muss in anderen Situationen neu bewertet und geordnet werden. Diese Denkweise muss kein undisziplinierter Relativismus sein, sie läuft nicht auf Opportunismus hinaus, sondern trägt der Wirklichkeit unseres Lebens Rechnung, in dem wir selten souverän sicher entscheiden können, wie eine Sache *ist*. Weise sind darum jene, die innerhalb der Bandbreite der Pole das jeweils rechte Maß erspüren.

Indisches Empfinden neigt dazu, auch bei moralischen Gegensätzen – etwa bei Gut und Böse – zuzugestehen, dass jedem Bösen ein wenig Gutes innewohnt und umgekehrt jedem Guten etwas vom Bösen. Dem können wir in unserem abendländischen Denken nur schwer oder gar nicht folgen. Es wirft schwerwiegende theologische und ethische Fragen auf; diese will ich hier nicht beantworten.

Es gibt jedoch zahlreiche Polaritäten, bei denen wir *beide* Pole als *positiv* bewerten können, Pole also, die nicht »positiv« oder »negativ« sind, sondern die beide wertvolle menschliche Haltungen und Einstellungen charakterisieren. Solche Pole habe ich für die folgenden Betrachtungen gefunden. Dabei zeigt sich: Wer sein Handeln auf *einen* Pol ausrichtet – isoliert vom Gegenpol –, verirrt sich leicht in Extremhaltungen, die zu

Fehlern, Enttäuschungen und Unglück führen. Die Lebenserfahrung lehrt uns, dass unsere Erfüllung darin besteht, eine Mitte, besser: ein weises, unserer Situation entsprechendes *Maß* zwischen den extremen Polpunkten zu finden. Es gibt keine »reinen«, vollkommen unanfechtbaren Entscheidungen in unserem Leben. Immerzu suchen wir nach dem rechten Maß in unseren Handlungen und Lebensweisen und müssen es immer neu verorten. Diesen angemessenen Punkt zwischen den Polen zu finden ist Lebenskunst, zu der die folgenden Essays hinführen wollen.

Eben weil es so wesentlich ist, dieses Maß zwischen den Polen festzulegen, beginne ich mit einer Betrachtung über das Maß. Darauf folgen zwanzig Polaritäten, die unser Leben chakaterisieren. Ich stelle das Für und Wider jedes der beiden Pole dar und versuche zu ertasten, wo zwischen den Polen das rechte Maß erfüllt sein kann. Manche Polaritäten mögen erstaunen; ihre Berechtigung erschließt sich erst bei der Lektüre.

Dieses Buch ist kein Ratgeber, es gibt keinen »Kurs«, und es stellt die Themen nicht erschöpfend oder systematisch dar. Stattdessen teilt es evokativ Erfahrungen mit und will dazu inspirieren, ihnen prüfend nachzugehen.

Im Jahr 2009 veröffentlichte ich den Band »Einfach tun. 44 Schritte zur Lebenskunst«. Das vorliegende Buch, mein zweites zu diesem Thema, führt mit veränderter Perspektive tiefer in die Lebenskunst hinein. Das Manuskript hat mich über vier Jahre begleitet; ich habe es an verschiedenen Orten in Indien und in Europa geschrieben und im Künstlerhaus von Rheinland-Pfalz in Edenkoben abgeschlossen. Das Manuskript verdankt viel der Stille dieses Hauses in der Klosterstraße.

Ein besonderer Dank gilt Abtprimas Notker Wolf OSB, dem ich freundschaftlich verbunden bin; er hat ein wunderbares Vorwort beigesteuert.

Wie schon für andere meiner Bücher hat der indische Dorfkünstler Sanyasi Lohar aus Bishnubati die Illustrationen geschaffen. Sie transponieren das Thema »Balance«, das »Gleichgewicht halten«, das ich in den Texten geistig auslote, mit klaren, kräftigen Strichen in den Bereich des indischen Dorflebens.

Martin Kämpchen

Die Waagschalen

auspendeln lassen,

um das Maß

zu finden

Maß

Auf den indischen Märkten gebrauchen die Händler noch Handwaagen. Sie halten die beiden Schalen hoch, beschweren die eine mit Gewichtsteinen und die andere mit der Ware: Kartoffeln oder Karotten, Mangos oder Mehltüten. Dann pendeln die Schalen aus, der Händler gibt Ware hinzu, nimmt weg, er legt manchmal einen Gewichtstein auf die Warenschale, um Gewichte, die zwischen den Steinen liegen, auszupendeln. Geduldig nimmt und gibt er, bis die Schalen parallel zueinander schweben.

Diesem Spiel habe ich immer fasziniert zugeschaut. Vorher hat der Händler gestikuliert und schwadroniert, gestritten und geschmeichelt, um den günstigsten Handel herauszuschlagen, doch beim Auspendeln wird er still, gesammelt – die Zeit erstarrt. Sobald die Sporen an den Schalen einen Augenblick nebeneinander verharren, ist das Spiel zu Ende, der Handel steht fest: *So* viel Ware für *so* viel Geld.

Doch die Schalen pendeln endlos weiter und ändern schwankend ihr Gleichgewicht. Das heißt, sie finden niemals das exakte Verhältnis von Ware zu Preis. Es gibt keine absolute Gerechtigkeit. Zwar wollen gerade dies die Gerechtigkeitsengel mit ihren verbundenen Augen und stolz in Kopfhöhe gehaltenen Waagschalen, die wir an den Fassaden unserer alten Rathäuser und Justizgebäude sehen, verkünden. Aber das Schwanken der Schalen demonstriert, dass Gerechtigkeit kein Zustand ist, sondern ein stetes Bemühen.

Warum ist das so? Weil Ware etwas Konkretes, der Preis aber etwas Abstraktes ist. Der Preis wird durch Zwänge bestimmt, die mit dem Konkreten der Ware, ihrem Gewicht, ihrer Form, der Anstrengung, sie zu produzieren, in einem »unwägbaren« Verhältnis stehen. Ein Sack Kartoffeln, der auf einem steinigen und trockenen Feld geerntet wurde, müsste teurer verkauft werden als ein Sack Kartoffeln von einem fruchtbaren Feld, weil die Mühe, den ersten Sack zu produzieren, größer war. Beide werden aber auf dem Markt für denselben Preis angeboten, beide sind nicht allein vom Gebot der Gerechtigkeit, sondern auch vom Gesetz von Angebot und Nachfrage abhängig. Ein gerechtes Verhältnis von Ware und Preis kann immer nur versuchsweise und für den Augenblick geschaffen werden.

Ähnlich verhält es sich mit unserem Leben. Das rechte Maß darin zu finden bedarf einer lebenslangen Mühe. In unserem Alltag gibt es kein festes Maß, sondern nur das fortgesetzte Versuchen, zwischen zwei polaren Entscheidungsmöglichkeiten das rechte Maß zu finden. Das bedeutet, zunächst unseren konkreten Taten Werte zuzuordnen, damit sie sich messen lassen. Auch hier steht ein Konkretes einem Ideal gegenüber, nämlich ein konkretes Verhalten einem ihm zugeordneten Wert. Unsere moralische, emotionale und intellektuelle Anstrengung richtet sich darauf, diese Zuordnung nicht willkürlich, nicht egoistisch festzulegen, sondern so, dass sie dem Konkreten »gerecht« wird.

Dieses Abwägen zwischen zwei polaren Möglichkeiten bedeutet, dass man den Mittelweg sucht und die Extreme meidet. Man fürchtet die Extreme und will sich vor ihnen schützen. Das rechte Maß zu finden ist die eine große Aufgabe im Leben, die alle Bereiche und Ebenen berührt und korrigiert: die Nächstenliebe wie die Berufsausübung, die Kindererziehung wie die Hobbys. Wer einmal durch Unvorsicht, durch Maß-losigkeit in ein Extrem gerutscht ist, der weiß, wie langwierig es ist, sich aus dieser Situation zu befreien, wie lange es dauert, bis eine wild ausschlagende Waagschale sich wieder ausgependelt hat.

Doch der bewusste Versuch, das Gleichgewicht zwischen den Extremen zu bewahren, lässt uns reifen, schenkt uns Souveränität, gibt uns eine intuitive Sicherheit inmitten von schwankenden Unsicherheiten und undurchsichtigen Verhältnissen. Diese Sicherheit beruht auf dem Wissen, dass man das Menschenmögliche tut, um auf jede Situation im Leben eine »angemessene« Antwort zu finden. »Mehr kann ich nicht tun« – das gibt uns Sicherheit.

Sammeln und Loslassen

Wer sammelt, sucht Unterstützung durch die Dinge – mehr Dinge, als der Alltag ohnehin ins Leben schwemmt. Wer loslässt, hat erkannt, dass zahlreiche Dinge im Alltag nicht zur Lebensbewältigung und nicht einmal zum Lebensglück notwendig sind. Viele werden lästig, erfüllen keinen Zweck mehr und stören.

Das Leben kann kostbarer werden durch die Dinge, die man bewusst um sich versammelt. Jeden Tag schöne Dinge anzuschauen, inmitten stilvoller Möbel zu wohnen, sich mit Gemälden und Fotos und Gebrauchsgegenständen zu umgeben, die das Auge beruhigen und erfreuen, eine reichhaltige Bibliothek anzusammeln, in der die großen Bücher der Literatur, Philosophie und der Religionen griffbereit stehen – das bringt Dankbarkeit und Lebenserfüllung. Das Gesammelte wird zu einer bedeutungsvollen und beziehungsreichen Auswahl der Dinge draußen. Wir spüren, dass wir nicht allein sind, uns umgeben Schönheit und Gedanken – eine geordnete und lebenswerte, von uns geschaffene Welt. Die Sammlungen wirken in unser Inneres hinein und schaffen Harmonie zwischen unserem Lebensbereich und unserem Innern.

Sammeln fällt uns leicht. Das bewusst auswählende Sammeln ist schon schwieriger, doch am schwierigsten ist, später das Gesammelte loszulassen. Wir neigen dazu, mehr zu sammeln, als einem Zweck dient. Wir sprechen von »Sammelleidenschaft«. Plötzlich merken wir, dass die Wohnung vollgestellt ist, dass die Puppen oder Stofftiere uns überall anstarren, dass es keine freien Räume mehr gibt. Eigentlich hatten die Dinge doch mit den Räumen in eine Beziehung treten sollen; das macht Harmonie aus.

Beim Blick entlang unserer Regale wird uns bewusst, dass wir bestimmte Bücher seit zehn oder zwanzig Jahren nicht mehr in Händen hatten. Sollen wir sie weiter behalten? Wir wissen: Auch in den nächsten zehn oder zwanzig Jahren werden wir in diesem Buch nicht mehr lesen. Danach ist die zu erwartende Lebensdauer vorbei. Trotzdem: loslassen? Oder noch nicht?

Sammlungen müssen »leben«, müssen atmen, zu uns sprechen und ausstrahlen. Darum müssen sie immerzu erneuert werden, so wie sich das Leben erneuert. Und das bedeutet: bewusst abgeben und mit Bedacht Neues aufnehmen.

Wer nicht loslassen kann, hat eine wichtige Lektion noch nicht gelernt: Wer immer nur sammelt, denkt und fühlt nicht über sich selbst hinaus, der hat den Tod nicht begriffen. Vielleicht sind diese Menschen vom Lebenserfolg so verwöhnt, dass sie meinen, so ginge es weiter und weiter. Vielleicht sollte man ihnen die kleinen Niederlagen des Lebens wünschen, damit sie sich auf die großen Veränderungen besinnen, die kommen müssen, auf Schwächen, Krankheiten und den Tod.

Es gehört zum reifen Menschsein, das Loslassen schon vor der unwiderruflichen Schwäche des Körpers zu üben. Nur so kommen wir in den *Genuss* des Loslassens. Denn dieses Loslassen aus freier und früher Entscheidung hat so viel an Entlastung, so viel Befreiung, so viel kontemplative Fülle und Erfüllung, die wir erst ahnen können, wenn wir uns überwunden haben, die Dinge wegzugeben.

In Indien spricht man von den vier Lebensaltern: Ein Schüler sammelt Wissen und Erfahrung. Als Eheleute und Familienvater und -mutter sammeln die Menschen Besitz und ziehen Kinder auf, die die Familientradition weiterführen. In ihren Berufen haben sie Erfolg, sie genießen das Leben. Sobald die Kinder erwachsen geworden sind, können sich die Eltern zurückziehen. Das ist der Zeitpunkt des Loslassens. Nach der Tradition leben die Eltern nun einsiedlerisch und einfach in der Einsamkeit der Wälder. Sie widmen mehr Zeit der Meditation und Kontemplation. Das letzte dieser Lebensalter ist das Bettelmönchtum: Die Menschen haben alles losgelassen, auch ihre Lebensroutine und ihre Gewohnheiten. Das gilt als eine würdige Vorbereitung auf den Tod. In unserem Leben wird es nicht möglich sein, diese vier Lebensstufen nachzuahmen, ebenso wie sie auch im modernen indischen Leben nicht mehr üblich sind. Doch dieser lebensumspannende Rhythmus von Sammeln und Loslassen, den das alte Indien bestimmte, kann unser Leben inspirieren.

Reden und Schweigen

Zu reden heißt nicht, nicht zu schweigen; zu schweigen heißt nicht, nicht zu reden. Reden ist eine Tätigkeit, ebenso ist Schweigen eine Tätigkeit. Das eine ist nicht bloß die Abwesenheit des anderen. Wer schweigt, macht damit eine ebenso deutliche Aussage wie ein Mensch, der spricht. Darum können wir uns durch Schweigen ebenso schuldig machen wie durch das Aussprechen einer Lüge. Schweigen kann, je nach Situation, Zustimmung bedeuten oder Verweigerung, Ratlosigkeit oder Verzweiflung. Schweigen kann eine Demonstration werden, zum Beispiel wenn es sich in einer Umgebung artikuliert, in der alle Menschen reden, lachen, schreien, lärmend protestieren. Dann ist Schweigen als Kontrast zum Reden wirksamer als jedes Gegenwort.

Wer redet, setzt etwas in die Welt. Worte sind Taten, die bleiben. Zumindest sollen wir darauf gefasst sein, dass unsere Worte Bestand haben. Wer von uns erinnert sich nicht an bestimmte

Worte seiner Eltern, eines Lehrers, eines Unbekannten? Der Satz eines Philosophen, eines Autors geht uns nicht aus dem Sinn, eine Lyrikzeile bestimmt unseren inneren Kompass. Ich erinnere mich zum Beispiel an die Zeile von Ingeborg Bachmann:

Nichts Schöneres unter der Sonne
als unter der Sonne zu sein.

Sie ermutigt mich seit Jahrzehnten. Viele Bibelworte heben mich auf, immer wieder.

Worte sind Taten, deren Wirkung tief in unser Bewusstsein und Unterbewusstsein eindringt. Vielleicht schienen sie uns unbedeutend, als wir sie lasen oder schrieben. Aber wir können nicht ahnen, welche Worte uns beeinflussen. Worte sind wie scharfe Bomben, die in uns liegen, aber jederzeit explodieren können. Das gesprochene Wort ist noch brisanter als das geschriebene. Einen Brief kann man zerreißen, bevor man ihn abschickt, eine Mail löschen. Doch einmal ausgesprochen, kann niemand die Worte einfangen und ungeschehen machen

Da wir im Allgemeinen von morgens bis abends eher zum Reden als zum Schweigen aufgelegt sind, wir die günstigen Gelegenheiten zum Reden eher nutzen als die zum Schweigen und die Macht des Redens bereitwilliger einsehen als die Macht des Schweigens, ist die Notwendigkeit, zwischen den Polen Reden und Schweigen das Gleichgewicht zu halten, besonders akut. Wichtig ist, dass wir beides mit Bedacht tun und nicht im Affekt – nicht im Zorn, in der hemmungslosen Trauer, in der ebenso hemmungslosen Freude, nicht in der Bedrückung. Jenen, die abwägen: Was soll ich sagen? Wann soll ich es sagen? Wie soll ich es sagen?, denen gelingt dieser Balanceakt. Deren Reden ist ebenso kraftvoll wie ihr Schweigen. Sie sind sich bewusst, dass es nicht nur notwendig ist, etwas auszusprechen, sondern auch und gerade, es zur richtigen Zeit und Gelegenheit zu tun.

Gewissheit und Zweifel

Gewissheit brauchen wir ebenso zum schöpferischen Leben wie den Zweifel. Spürten wir keinerlei Gewissheit, verkümmerte unser Innenleben. Wie könnten wir sonst Kinder zeugen und aufziehen, ein Haus bauen, ein Feld bestellen, eine Firma gründen, einen Baum pflanzen, eine Ferienreise planen oder ein Buch schreiben? Wir ringen um eine Gewissheit, die unser Leben für eine unbestimmt lange Zeit ohne tragische Unterbrechung weiterführt. Wir sehnen uns danach, einen Pakt mit der Zeit, die doch fließt und im Fließen alles verwandelt, zu schließen, damit sie nur Voraussehbares ändere, nur mild und liebevoll und niemals durch Unglücke. Wenn wir Gewissheit wollen, wollen wir den gegenwärtigen Zustand festschreiben, obwohl es doch keinen »Zustand« gibt, solange die Zeit weiterfließt.

Der Wunsch nach positivem Wandel, nach Verbesserung, Aufbruch, Neuem bewirkt auch

Zweifel. Wird der Wandel gelingen, und werden sich unsere Erwartungen erfüllen? Wollen wir doch lieber beim Altgewohnten bleiben, so unbefriedigend es auch sein mag?

Es gibt Menschen, die kraft ihres Temperaments oder ihres Glaubens die Gewissheit, dass das Leben sie trägt, in sich spüren. Ihr Lebensoptimismus, der sich durch Kindheitserlebnisse und Erziehung entfaltet hat, ist geradezu unzerstörbar. Für andere – die meisten? – ist Gewissheit Ergebnis einer bewussten Suche. Eine solche Suche mithilfe des Denkens, Fühlens und Erlebens kann jedoch nie zur Gewissheit führen. Denken, Fühlen und Erleben haben die Neigung, sich immer weiter fortzusetzen. Eine Erkenntnis folgt der anderen in endloser Folge. Es gehört ein *Mehr* dazu, das die Suche abschließt.

Um es mit dem Lyriker Rainer Maria Rilke auszudrücken: Wir müssen unsere Fragen so lange und eindringlich stellen, bis sie sich in Antworten verwandeln. Gewissheit ist der Honig, der nach genügend Leid und nach inneren und äußeren Kämpfen und Anfechtungen übrig bleibt. Dann stellt sie sich intuitiv, unbegründbar, doch unabweisbar ein – sie drängt sich uns auf! Gewissheit steht nicht am Ende eines rationalen Prozesses, sondern am Ende von bewusst angenommenen Erfahrungen.

Dieses *Mehr* wird gekrönt, es führt zu seiner größten Erfüllung, wenn wir mit innerer Überzeugung sagen können: Gott existiert. Drängt diese sich auf, finden wir viele Gewissheiten in den tagtäglichen Ereignissen. Sie hilft uns bei unseren Entscheidungen, nach bestimmten moralischen, geistigen und gesellschaftlichen Idealen zu leben. Sie werden wir verteidigen, auch wenn uns Leid und Demütigung anfechten.

Die schlichte persönliche, aus unserem Inneren uns anrufende Entscheidung: Gott existiert! ist eine Quelle unerschöpflicher Energie. Diese Entscheidung mag vielen ungeheuer erscheinen, unfundiert, irrational, gesellschaftsunfähig. Doch die bis dahin Fortgeschrittenen heißen – auf der Ebene des praktischen Lebensvollzugs – die Zweifel willkommen als eine Möglichkeit, kreative Antworten auf wichtige Lebensfragen zu finden. Die Zweifel führen sie gleichzeitig immer weiter hinaus in eine Freiheit des Denkens und Fühlens. Die Zweifel sind der Prüfstein, wie fest die Gewissheit geworden ist. Zweifel fordern dazu heraus, sich immer wieder der »Gewissheit zu vergewissern«.

Eine solche Freiheit aus einer inneren Gewissheit heraus kann nur fest und klar werden, wenn wir uns in unserer Begrenztheit, sprich: unserer Begabung und unserem Temperament, unserer

Lebenssituation, unseren Schwächen und unserer Lebensgeschichte annehmen. Das ist schwer. Es bedarf der Einübung und großer Demut. Dann können die unaufhörlichen Veränderungen in der Zeit, unsere wechselnden Gemütsverfassungen diese Freiheit nicht mehr schmälern. Denn ist sie einmal in uns entstanden und haben wir begonnnen, aus ihr zu handeln, dann behält sie ihre Strahlkraft wie ein Stern, der, wenn er einmal aus seiner Tiefe zum Himmel durchdringt, nicht mehr aufhört, sein Licht auf uns zu werfen.

Freude und Trauer

Wir schwanken zwischen Freude und Trauer, wer hätte das noch nicht erfahren? Die Stoiker wollten sich nicht der Willkür des Schicksals überlassen, darum maßen sie weder der Freude noch der Trauer eine Bedeutung bei. Für sie galt, gleichmütig zu bleiben, ausgeglichen, auch gleichgültig. Freude sollte nicht motivieren und beschwingen, damit Trauer nicht enttäuschen und herunterziehen konnte.

Das Neue Testament lehrt, mit den Trauernden zu weinen, sich mit den Fröhlichen zu freuen. Die sich anverwandelnde Nächstenliebe soll in Mitleid und Mitfreude Ausdruck finden. Und so ist es natürlich: Wer sein Leben erfüllen möchte, kann die Anlässe zur Trauer, im eigenen wie im Leben anderer, nicht ignorieren noch die zur Freude missachten. Das Leben führt uns über Höhen und Tiefen, und so zu tun, als sei es eine weite, leere Ebene, hieße, nicht wirklich zu leben.

Das Leben als Geschenk unseres Schöpfers soll aus-geschöpft, voll gelebt werden, sonst haben wir das Geschenk nicht vollständig angenommen. Wer aber hat das Leben in seiner Fülle gelebt? Nicht jene, die bedenkenlos den Konventionen der Familie und der eigenen bürgerlichen Schicht gefolgt sind, auch nicht jene, die lau und oberflächlich, gedankenlos und gefühllos gelebt haben; nicht die Hartgesottenen, die Abgestumpften, die Blasierten und Zyniker; nicht Menschen, die am längsten gelebt haben und am meisten erleben durften durch Reisen, Begegnungen, Lektüre und Kunsterlebnisse. Das Leben in seiner Fülle leben jene, die am intensivsten leben – die innerlich glühen, die mit Taten und Gefühlen am Leben anderer Menschen teilnehmen, die nachts nicht schlafen können, weil ein anderer Mensch leidet, die täglich an die geliebten Verstorbenen denken müssen und deren Verlust schmerzlich spüren; Menschen, die jeden Frühling das keimende, sprießende Leben mit Dankbarkeit und Begeisterung beobachten und an diesem Neuerwachen Anteil nehmen; die den Blick auf die Sonne und den Mond suchen, die zu den Sternen aufschauen und nichts und niemanden als selbstverständlich hinnehmen, sondern alles und jeden mit allen Sinnen und Organen des Verstehens auf sich wirken lassen, deren Wert prüfen und entsprechend in ihr Leben aufnehmen.

Wie bei anderen Polaritäten ist es jedoch unangemessen, die Extreme auszuleben. Jeder Fröhliche sollte daran denken, dass anderswo – vielleicht in der Nähe – Trauer herrscht; jeder Trauernde sollte wissen, dass anderswo Grund zur Freude besteht. Dieses Bewusstsein sorgt dafür, dass die eigene Lebenserfüllung nicht egoistisch und gierig wird. Zwischen den Polen zu leben bedeutet, sowohl die Nähe zum Leben, aber ebenso den Abstand zu ihm zu schätzen.

Die indische Philosophie gebraucht das Bild des Meeres und seiner Wellen: Die Wellen symbolisieren die Ereignisse des Tages, des Lebens, deren Auf und Ab, Höhen und Tiefen, die Polarität von Trauer und Freude. Treten wir jetzt einen Schritt zurück und schauen das Ganze aus einer gewissen Entfernung an: Die Wellen werden niedriger, und nach und nach verschmelzen sie mit dem Wasser, aus dem sie aufsteigen und in das sie zurückfallen. Und schließlich bleibt aus weiter Ferne die eine ruhige, große Wasserfläche sichtbar: das unbewegte, die Horizonte ausfüllende Meer! Meer und Wellen: Die Wellen sind unser Alltagsleben; das Meer ist die Meditation, die Einsamkeit, der Abstand zum Alltag, die Kontemplation, die Konzentration des Gebets. Treten wir aus der Kontemplation heraus und sehen wieder die Wellen um uns herum, die Freude und die Trauer, dann gießt sich die Intensität der Kontemplation in die Freude und in die Teilnahme an der Freude anderer und in die Trauer und in die Teilnahme an der Trauer anderer. Dann sind unsere Freude und unsere Trauer in Gott getaucht.

Angst und Mut

In unserem Land zu bekennen, man habe Angst, wird als peinlich empfunden. Nur Kindern kann man Angst einjagen, und man lehrt sie früh, sich nicht zu fürchten. Wir sind eine Gesellschaft der Mutigen oder der mutig Erscheinenden.

In Indien dürfen alle Menschen, jung oder erwachsen, zugeben: Ich fürchte mich. Sie werden ernst genommen. Ihre Angst wird als Grund akzeptiert, eine bestimmte Tat zu unterlassen oder eine Entscheidung zu treffen.

Angst ist ein menschliches Grundbefinden. Sie vor sich selbst anzunehmen, dann zu bejahen und sich ihrer auch vor anderen nicht zu schämen gehört zum Reifeprozess. Angst ist ein Warnsignal – darauf müssen wir hören. Gewiss ist sie kein kluger Ratgeber – aber sie darf trotzdem nicht weggewischt werden mit der Haltung: Angst gibt's bei mir nicht. Es gilt vielmehr, ihre Ursachen zu begreifen. Nicht die tiefenpsychologischen Ursachen, die von Erlebnissen in der Kindheit herrühren mögen und

die wir oft ohne kompetente Hilfe nicht verstehen lernen; nein, die unmittelbaren Gründe, die uns vor etwas oder vor jemandem warnen, die uns in eine bestimmte Richtung leiten wollen.

An diesem Punkt kommt der Mut ins Spiel. Wir müssen uns die Frage stellen: Ist meine Angst berechtigt? Warnt sie mich vor einer Gefahr, die ich vermeiden soll? Soll ich in die Richtung gehen, die mir die Angst befiehlt? – Diese Fragen können wir nicht ohne Mut beantworten.

Mut ist der klügere Ratgeber, gewiss. Nicht die Kühnheit ist gemeint, die die Angst ungeprüft in den Wind schlägt und nur das Abenteuer, den Kitzel der Gefahr, den Spaß an neuen Erfahrungen sucht. Nein, Mut wägt ab, er bemüht sich um Rationalität, um Nüchternheit, um Überblick, um die Meinungen und Ratschläge anderer. Dieser Mut will sich nicht von der emotionalen Sphäre der Angst beeinflussen lassen. Ihr stickiger Dunstkreis, zusammengeballt aus Gefühlen, Instinkten, Impulsen, ist ansteckend, wirkt so überzeugend; darum ist er die eigentliche Gefahr. Der Mut muss sie überwinden und dann prüfen, was an sachlichen Hinweisen von ihr übrig bleibt.

Wir brauchen also die Angst und den Mut, und zwar beide Pole immer gemeinsam. Ohne Angst wird der Mut zum tollkühnen Wagemut; ohne Mut wird die Angst zu einem gefährlichen

Tier in uns, das uns schlimmstenfalls zu irrationalen Entscheidungen treibt, die destruktive Folgen haben.

Der indische Dichter Rabindranath Tagore schrieb ein Bittgedicht an Gott, darin heißt es:

Dass du mich vor Gefahren bewahrst,
darum bitt' ich dich nicht,
doch dass ich Gefahren nicht fürchte.

Gitanjali 4

Es ist vermessen zu behaupten, wir würden niemals mit Situationen konfrontiert, die uns Angst machen: Der Gang zum Zahnarzt, die Aussicht auf eine Operation, überhaupt sind Krankheit und Sterben angstbesetzte Themen. Auch ohne unmittelbar bevorstehende Gefahr kann uns Angst überfallen, denn sie ist unberechenbar.

Die Lösung ist, sie ernstzunehmen, uns also nicht von ihr abzulenken, uns nicht durch Aktionismus, durch Geselligkeit, nicht einmal durch Kunst und Musik und Theater zu zerstreuen. Nach und nach werden wir spüren, dass das Abwägen zwischen Furcht und Mut zu unerwarteten Wandlungen in uns führt. So heißt es im Römerbrief:

Bedrängnis bewirkt Geduld, Geduld aber Bewährung, Bewährung Hoffnung.

Römer 5,4

Großzügigkeit und Verweigerung

Großzügige Menschen geben immer mehr, als Höflichkeit, Anstand und sogar Menschenfreundlichkeit gebieten. Großzügige Menschen sind in den Augen vieler Narren; sie schaden den Nutznießern, indem sie sie verwöhnen, und sich selbst. Sie werden belächelt.

Großzügigkeit entspringt Quellen, die sich von jener kalkulierten Klugheit des gesellschaftlichen Maßes unterscheiden. Die innere Haltung der Großzügigkeit schafft einen Schwung, eine kreative Dynamik, von der wir uns, zugegeben, manchmal zu hemmungslosen Taten hinreißen lassen. Aber ihre Ergebnisse werden stets mitfühlender und menschenwürdiger sein als die organisierte, bürokratisierte und imagebewusste Zuwendung von Institutionen. Diese können nicht großzügig sein; das ist nur den einzelnen Menschen möglich.

Großzügigkeit entspringt einem positiven Lebensgefühl, und sie verbreitet es. Sie feiert das Gute im Menschen, feiert die Herrlichkeit der Welt und die göttliche Schöpfung. Durch sie öffnen sich Welten, die der verschlossene, raffgierig nur sich selbst erlebende Mensch nicht erkennen kann.

Großzügigkeit ist franziskanisches Urgestein: Franziskus schenkte hin, was er hatte, verschenkte sich, ohne nachzudenken, wie es den anderen nützt, was danach kommt, ohne Plan und Überblick.

Darin liegt jedoch auch eine Gefahr: Ungezügelte Großzügigkeit kann ihre Nutznießer tatsächlich verwöhnen, das heißt, sie für das Leben des normalen gesellschaftlichen Maßes untauglich machen, kann sie zu Selbstsucht, Eitelkeit, Arroganz verleiten. Es sind jene Gefährdungen, denen Menschen, die unverdient Gutes erhalten, ausgesetzt sind. Das sind Folgen, die man im Schwung großzügiger Taten nicht ignorieren darf.

Der Pol der Großzügigkeit bedarf der beobachtenden Disziplin und oft der Korrektur durch seinen Gegenpol. Dieser beginnt bei der Bescheidenheit und Selbstverneinung und streckt sich bis zum Äußersten: der Verweigerung.

Disziplin ist rational und widersetzt sich der Berauschung durch die eigene Großzügigkeit.

Hinzu tritt die Herzensgabe der Bescheidenheit. Großzügige Menschen sollten ihre Taten am besten im Verborgenen, vielleicht sogar ungenannt tun, um der Versuchung der Selbstbespiegelung in ihren Taten zu entkommen. Disziplin ist unerlässlich, um der Gefahr der Ausbeutung auszuweichen. Großzügige Menschen sind verwundbar, weil sie ihre Grenzen leicht aus den Augen verlieren.

Rasch kann sich, oft unbewusst für beide Seiten, die Bewegung umdrehen: Der Nutznießer empfängt nicht mehr, er verlangt, er fordert, er nimmt; er beutet den Großzügigen aus. Darum muss am Gegenpol als letzte Möglichkeit das Wort Nein stehen. Großzügige Menschen, die nicht bereit sind, sich auch zu verweigern – und das bedeutet häufig, sich selbst Gewalt anzutun –, haben die Notwendigkeit der Disziplin als Wächter ihrer wunderbaren Veranlagung nicht verstanden. Früher oder später erfahren sie eine tiefe Enttäuschung, aus der es schwer ist, sich zu befreien, denn der Schwung des positiven Lebensgefühls ist dann verloren gegangen.

Nein zu sagen ist schwieriger als Ja. Das trifft besonders auf die Menschen in Indien zu, die in ihrer beneidenswerten Gabe der Spontaneität, der sich schenkenden Totalzuwendung kein Nein kennen. Dann bleibt man lieber die Antwort schuldig, sagt ein »Vielleicht« und mogelt sich lieber aus der prekären Situation heraus. Im Neuen Testament heißt es aber:

Euer Ja sei ein Ja,
euer Nein ein Nein.

Matthäus 5,37

Lebenssattheit

ist ein Zeichen,

dass wir recht

gelebt haben

Neugier und Lebenssattheit

Welch eigentümliche Polarität: Neugier und Lebenssattheit! Passt als Gegenpol zu Neugier nicht eher Stumpfheit, Apathie, Passivität? Gewiss, doch das sind negative Pole, die keinen Wert ausdrücken, mit dem die Neugier in ein Gleichgewicht gebracht werden könnte. Ein solcher Gegenpol ist jedoch die Lebenssattheit.

»Nackte« Neugier ist kein Lebenskonzept, sie braucht eine Korrektur. Menschen, die von einer Neuheit zur anderen, einem Anreiz, einem Impuls, von einer Sensation zur nächsten eilen, erleben im Grunde nichts. Am Abend wissen sie nicht mehr, was sie am Vormittag erfahren haben. Das Neue teilt sich nur in seinem Oberflächenreiz mit, der rasch verfliegt, weshalb ebenso rasch etwas anderes her muss. Neugier wird zur Sucht. Wird sie nicht genährt, stellen sich Langeweile, Nervosität und ähnliche seelische Zustände ein.

Neugier kann gemildert werden durch die Einsicht, dass wir das Neue erst in uns aufnehmen und dann verstehen müssen, bevor es seinen Sinn erfüllt. Wir wollen das Neue in unser Reservoir der Erfahrungen und in unsere Lebenshaltung integrieren, damit es weiterwirken kann. Dann erst können wir sagen: Ich habe etwas gelernt.

In dieser Haltung der fortschreitenden Integration des jeweils Neuen, des Immer-weiter-Lernens, werden wir bescheiden. Wir spüren unsere Grenzen. Wir erfahren, dass der Prozess der Integration nicht endlos weitergeht, weil uns Hindernisse aufhalten: Wir kennen zu wenige Sprachen, wir haben nicht alle Länder besucht, wir sind unbegabt in Mathematik und Physik, oder wir verstehen, selbst wenn wir uns bemühen, die Zusammenhänge in der Politik und Wirtschaft nicht.

In dieser Phase unseres Lebens lernen wir die Bedeutung von »Selbstbescheidung« kennen. Unsere Sehnsucht nach Neuem, aber auch das schmerzliche Gefühl des Unerfülltseins, das uns anfangs plagte, wird schwächer. Die Ansprüche an uns selbst sind maßvoll geworden. Ist dieser Zustand erreicht, kann der Pol »Lebenssattheit« in den Blick kommen.

»Lebenssatt« ist eines der weisen Worte des Alten Testaments. So lauten die letzten Worte im Buch Hiob: Nach zahlreichen Prüfungen, großem Leid und neuem Segen starb Hiob »alt und lebenssatt« (Hiob 42,17 nach der Luther-Übersetzung).

Menschen waren lebenssatt, wenn sie ein Leben lang in der Gnade Gottes gelebt hatten: Sie hatten einen Ehepartner gewählt, eine Familie gegründet, Kinder gezeugt und geboren, einen Beruf rechtschaffen ausgeübt und waren dem Anruf Gottes gefolgt, sobald sie ihn verstanden hatten. Lebenssatt heißt nicht, lebensmüde oder lebensüberdrüssig zu sein; es bedeutet: nach einem langen Leben zufrieden sterben.

Es gibt kaum einen unangenehmeren Anblick als alte Menschen, die nach dem (Weiter-)Leben gieren. In ihnen hat sich die Neugier niemals beruhigt. Um dieser Versuchung der Lebensgier gegenzuwirken, sollten wir uns früh daran gewöhnen, auf unser natürliches Ende zuzuleben, den Tod innerlich nicht abzuwehren, ihn auch nicht totzuschweigen. Wie viel würdiger und uns Menschen angemessener ist es zu sagen: Alles hat seine Zeit. Was gewesen ist, hatte seine Zeit – was kommt, hat seine Zeit. Wir müssen Abschiede feiern können, ohne zu sagen: Wir kommen wieder; dieses Erlebnis kommt noch einmal; sondern: Es ist vorbei, und das ist gut so. Solche Abschiede können wir bei jeder Begegnung, jedem Besuch, jedem Tagesende »feiern«. Was dann geschieht? Die Zeit mit ihrem vielfältigen Geschehen wird kostbarer; man lebt sie bewusster. Die Zeit wird köstlicher als jemals zuvor.

Neugier soll niemals in ihr Gegenteil, in Stumpfheit, Apathie und Passivität umschlagen. Offen zu bleiben für Neues ist notwendig, wollen wir das Leben bewusst auskosten. Doch damit das Leben gelingt und im Gleichgewicht ist, muss auch der andere Pol früh genug an unserem Lebenshorizont auftauchen, nämlich sagen zu können: Es ist genug.

Alleinsein und in Gemeinschaft leben

Was ist das Ideal – in Gemeinschaft zu leben oder allein? Offenbar ist es nicht gut, immer allein zu sein. Ebenso ist es nicht gut, immer eng mit anderen Menschen zusammenzuleben. Die allein leben wollen, müssen darin geübt sein, sich nicht einsam zu fühlen. Die in Gemeinschaft leben, müssen erproben, welchen Abstand sie zwischen sich und den anderen Menschen schaffen wollen, denn niemand kann tagein, tagaus auf engstem Raum miteinander auskommen.

Schlaf verlangt Isolierung. Die körperliche Liebe, das Gebet, zahlreiche musische und kreative Tätigkeiten, konzentriertes Nachdenken und passioniertes Fühlen suchen zu ihrer Erfüllung nach Einsamkeit. Sie verlangen innere und äußere Räume, in denen sich das Gefühl, die Gedanken, die Fantasie freizügig entfalten können. Expansion ist die große Chance des Alleinseins. Unser Ich braucht mit niemandem zu kämpfen, vor niemandem zu fliehen. Wir suchen das Alleinsein, weil sich darin ungehindert unsere Individualität ausdrücken kann.

Aus dieser Einstellung kann eine gewisse Unfähigkeit zur Gemeinschaft entstehen, sogar eine Unwilligkeit, mit anderen Menschen zusammenzuleben. Das zeigt sich dann, wenn wir mit der Familie, der Hausgemeinschaft und Nachbarschaft, der Schulklasse, den Kollegen im Beruf in Kontakt sind. Es sind Gruppen, deren Mitglieder wir nicht ausgewählt haben und in denen Reibung unvermeidlich ist. Nur der Wille, tolerant zu sein, kann Konflikte vermeiden.

Gegen Toleranz eingestellt zu sein, wird als politisch unkorrekt getadelt. Doch unser Drang zur Isolation wird von einem deutlich »antitoleranten« Impuls getragen. Unsere Gesellschaft krankt daran, dass wir uns eine gesunde, harmonische Gemeinschaft nicht vorstellen können – weil wir uns nicht zu den Opfern bereitfinden, eine solche Gemeinschaft zu schaffen; weil wir das Alleinsein als heroisch empfinden, selten aber das Gemeinschaftsleben. Paare warten heute oft sehr lange bis zu ihrem Entschluss zusammenzuziehen, zu heiraten, eine Familie zu gründen. Unsere Fantasie reicht nicht aus, uns eine erfüllte und erfüllende Gemeinschaft vorzustellen. Öffentlich werden jene Menschen geehrt und gelobt, deren Leistungen außerhalb der Familie liegen. Mütter, die »nur« den Ehemann gestützt und Kinder erzogen, sich um die ältere Generation gesorgt haben, finden kaum Anerkennung. Nur wenn die Frau *außerdem* Erfolg in einem Beruf hat, achtet man sie.

Der öffentliche Diskurs kennt kein Ideal der Gemeinschaft. Freundschaft? – eher Zweckgemeinschaft. WG? – um Geld zu sparen. Altengemeinschaft in Heimen? – nur wenn man sich nicht mehr selbst versorgen kann. Ist daran die Schwächung der Familie schuld? Hat die Lockerung des Familienzusammenhalts auch alle anderen Beziehungen in der Gesellschaft gelockert und gesellschaftlich gewachsene Verantwortungen immer mehr auf Zweckbindungen reduziert?

In Indien ist die Familie eine Gemeinschaft, für deren Zusammenhalt man Opfer bringt, weil die Großfamilie auch Hilfe bei Krankheit und Mangel und im Alter verspricht. Man gibt und empfängt – aber es wird keine »Rechnung« aufgemacht. Ein Mitglied der Familie gibt mehr als andere, eines empfängt mehr als andere. Idealerweise gibt jeder nach Vermögen und nimmt jeder nach Notwendigkeit, nicht weniger und nicht mehr. Bleibt dieses ehrliche Gleichgewicht, ist die Harmonie in der Familie gewährleistet, und niemand ist durch Schuldgefühle oder Neid beunruhigt.

Die Kompetenz zum Gemeinschaftsleben ist zum reifen Leben notwendig. Erst nach dieser Lektion sollte ein Mensch in die Einsamkeit streben. Ebendiesen Rat erteilt die Mönchsregel des heiligen Benedikt: Bewähre dich zuerst in der Gemeinschaft; danach bist du reif für die Einsamkeit. Ideal ist, die Fähigkeit sowohl zur Gemeinschaft als auch zum Alleinsein zu entwickeln und beide Pole in ihren lebensgestaltenden Möglichkeiten wahrzunehmen.

Gesundsein und Kranksein

Das Furchtbare an jeder Krankheit ist, dass wir nicht wissen, wann sie überwunden sein wird. Diese Angst, sie könnte lang dauern, sich zu einer langwierigen und lebensverändernden auswachsen, macht jede Krankheit, selbst eine unbedenklich erscheinende, zur Qual. Diese Unsicherheit wirft unsere Lebensordnungen, unsere Pläne für eine unbestimmt lange Zeit durcheinander.

Eine Chance kann Krankheit nur dann sein, wenn wir bereit sind, sie anzunehmen. Genauer: wenn wir schon vor Ausbruch einer Krankheit dazu bereit sind, jede Krankheit anzunehmen, wann und in welcher Weise sie kommen wird. Erstens ist es sinnlos, sich gegen eine Krankheit zu wehren; zweitens wäre ein Abwehren der Heilung eher abträglich. Das sollten wir einsehen, schon während wir gesund und guter Dinge sind. Sich zu einer solchen Vorbereitung zu entscheiden, ist die eigentliche Herausforderung. Sobald eine Krankheit in unser Leben einbricht, wird man mehr Opfer als Täter, und eine innere Umstellung auf den Verlauf der Krankheit ist nicht freiwillig, sondern geschieht notgedrungen. Sie ist Notwehr, nicht Vorbereitung.

Hat man sich jedoch durch die innere Vorbereitung darauf eingestellt, Krankheit anzunehmen, können wir, wenn eine Krankheit kommt, sie bewusst erleben und erleiden – wir können es zumindest versuchen! –, anstatt sie platt als Verminderung der Vitalität und Schwächung der Lebensmöglichkeiten zu erfahren. So wird Krankheit ein Mittel zum Reifen.

Zum Lebensprozess gehört beides, Gesundheit und Krankheit. Wären wir nur krank, könnten wir unsere Gesundheit nicht schätzen; wären wir nur gesund, könnten wir nicht das für unser Leben lernen, was nur durch das Leid der Krankheit möglich ist: Sei bereit, lebe nicht in den Tag in der Annahme, jeder Tag endet, wie er begonnen hat. Sei auf Änderung gefasst. Und während du nie Änderung als Möglichkeit ausschließt, erfreue dich am Leben, fange den Tag, lebe den Augenblick, genieße ihn, gib dich hin, lebe intensiv – und sei gleichzeitig bereit, dich von jedem Zustand zu trennen, denn keiner ist dauerhaft. Bewahre deine innere Unabhängigkeit.

Die sich gesund fühlen, sind in der Gefahr, gedankenlos in ihrem Körper zu leben, ohne ihn zu spüren, und das heißt, ohne ihn zu schützen, zu pflegen, seine Gesetze und Rhythmen zu achten. Das ist das Äußere des Poles »Gesundsein«: Wir leben oberflächlich und sind nicht in Harmonie mit dem Körper. Die ihre Gesundheit wahrnehmen (weil sie eben auch Krankheiten erlebt haben), verbinden sich jeden Tag neu mit ihrem Körper, schauen ihn an, hören auf seine Geräusche und beobachten seine Ströme. So wird durch die Erfahrung der Krankheit die Gesundheit zu einem Erlebnis, zu einer Kostbarkeit, die wir mit jedem Tag neu schätzen.

Menschen, die sich täglich vor Augen halten: Ich lebe, ich bin gesund, ich bin gesegnet, ich bin dankbar, deren Haltung birgt die Chance, dass Krankheit sie nicht aus der Bahn wirft, nicht ins Chaos stürzt.

Der bequemen, lethargischen, von Gedankenlosigkeit und Arroganz belasteten Gewohnheitsmentalität gegenüber dem eigenen Körper mag ein Stoß der Schwäche sogar heilsam sein. Wir sollen die Grenzen des Körpers kennenlernen und verstehen, dass wir ihn nicht beherrschen, dass er kein »Ding« ist, das funktioniert oder einfach repariert werden kann.

Gibt es uns nicht zu denken, dass eine kleine Wunde am Finger dem gesamten Körper, dem ganzen Menschen Schmerzen bereitet?

Der Mensch ist nicht teilbar, das merken wir gerade in der Krankheit. Wenn die Seele leidet, wenn unsere Gefühle aufgewühlt sind, wirkt es sich auch auf den Körper aus. Wenn wir andere Menschen beleidigen, und sei es »nur« durch gemeine Gedanken, wirkt es sich auf unser körperliches Befinden aus. Darum sollten wir unendlich vorsichtig sein, etwa welche Spiele wir spielen, welche Filme wir anschauen, mit welchen Menschen wir verkehren. Wie bei einem homöopathischen Mittel eine winzige Dosis das körperliche Befinden beeinflussen kann, ebenso prägt ein Erlebnis unsere Gefühls- und Seelenwelt auf subtile Weise.

Altsein und Jungsein

Die Begriffe »jung« und »alt« sind so relativ, dass derselbe Mensch von einem jung und von anderen alt genannt wird, gleichgültig, ob die Person fünf oder fünfzig Jahre alt ist. Sie taugen daher nicht zur Information, geschweige denn als Wertung. Dennoch ist gerade dieses Begriffspaar so stark emotional beladen, dass es zur Schmähung und Beleidigung ebenso wie zu Lobhudelei bestens geeignet ist.

Junge Menschen, die ins Leben treten, spüren alles zum ersten Mal, ihnen ist alles frisch, auch der Schwung, die Energie, die Begeisterung. Sie sind neu und steigern sich darum oft in einen Rausch. Jungsein grenzt aber auch – wie jeder Rausch – ein. Ein Berauschter kennt nur sich selbst. Junge Menschen glauben, ihr Jungsein dauere ewig, ihre Jugend sei ein Privileg.

Warum ist das Jungsein so begehrt, das Altsein aber so gefürchtet? Ein Grund dafür ist die Entfernung, die Jungsein und Altsein jeweils vom

Tod trennen. Wer erst wenige Jahre gelebt hat, rechnet sich eine längere Lebenszeit aus als jemand, der schon viele Jahre auf der Welt ist. Auf welch schwacher Grundlage diese Rechnung steht, ist uns allen klar. Der zweite Grund liegt darin, dass die Pole auch mit Vitalität, Gesundheit, Lebenskraft in Verbindung gebracht werden, die in der frühen Lebenszeit größer, besser zu sein scheinen, als bei Menschen, die schon länger leben. Auch diese Rechnung ist oberflächig.

Wer jung erscheinen will, liefert sich der Meinung eines jeden Vorbeigehenden aus. Jemand muss uns nur zurufen: »Du siehst aber heute alt aus«, vielleicht bewusst, um Verstimmung hervorzurufen, und unser schwankendes Selbstbewusstsein zerbricht. Plötzlich sehen wir uns mit den Augen dieses frechen anderen und müssen uns gegen selbstzerstörerische Gefühle wehren. Die jung erscheinen wollen, sind verletzlich wie eine Schnecke, deren Gehäuse jederzeit zertreten werden kann. Die jung sein wollen, verlieren ihre Souveränität und lassen sich in einen ständigen Kampf um die Meinungen der Außenwelt ein, die unterschiedlich und beliebig ausfallen.

Warum zahlen wir diesen hohen Preis? Gibt es keine konkreteren Werte, an denen sich unser Selbstgefühl aufbauen kann? Ist es nicht denkbar, dass wir bescheiden das Beste aus unseren Talen-

ten, Fähigkeiten und unserem Aussehen machen, ohne dass wir auf die laufenden Kommentare der vielstimmigen Außenwelt hören? Natürlich sollten wir uns um eine angenehme Erscheinung bemühen; das gehört auch zur Nächstenliebe, denn wir wollen andere nicht mit einem ungeordneten Äußeren abschrecken. Das Beste aus uns machen zielt nicht nur auf die Erscheinung, sondern auch auf Selbstsicherheit, Wissen, Erfahrung, Persönlichkeit und Reife.

Wer stolz ist, jung zu sein, ist unreif. Es ist kein Verdienst. Die so empfinden, erfahren die eigene Jugend als Freibrief für Leichtsinn und Oberflächlichkeit. Sie haben noch nicht gelernt, ihre Lebenszeit auszukosten, sie haben ihre eigene Tiefe nicht ausgelotet. Jene, die ihre Lebenszeit bewusst ausfüllen, empfinden nicht das Jungsein, sondern das Älterwerden als Kapital. Es ist das Kapital an Lebenserfahrung, von dem man immer mehr abgeben kann, durch das man Menschen helfen und zum Leben befähigen kann. Das sind die Befriedigungen, die in die Tiefe sinken und die Existenz ausfüllen. Dieses Kapital ist die Möglichkeit, das Leben immer überlegter und ausgewogener gestalten zu können. Solche Menschen handeln nicht nach den Kategorien »jung« und »alt«. Wichtig ist ihnen nur, die gegenwärtige Lebenszeit auszuschöpfen. Solche Menschen genießen die reiferen Jahre mehr als die früheren. Sie haben an Souveränität gewonnen, an Gelassenheit. Sie haben ihre Grenzen kennengelernt und können sie endlich akzeptieren. Die unerfüllbare Sehnsucht nach Anerkennung ist schwächer geworden. Die Sehnsucht nach Erkenntnis ist geblieben. Das Leben gewinnt eine Intensität, die es bisher nicht besaß, denn diese Menschen wissen dringlicher als je zuvor, dass die Lebenszeit begrenzt ist und sie sie nutzen müssen.

In Indien wird der ältere Mensch geehrt, eben weil er mit der Autorität der Erfahrung, der Sicherheit im Urteil und der Reife ausgestattet ist. Er gibt der Gesellschaft, was sonst niemand geben kann, die Gesellschaft hat ihn nötig.

Haben wir im Sinne unserer Betrachtungen angemessen gelebt, wird mit den Jahren die Empfindung der Dankbarkeit immer stärker. Wir fühlen uns in der Gnade und spüren eine Freiheit, die wir nie zuvor erleben konnten, wir schweben, wir fliegen immer höher. Wie gesagt: wenn wir richtig gelebt haben.

Armsein und Reichsein

Diese beiden Lebenssituationen tragen so viele Emotionen in sich wie kaum ein anderes Wortpaar. Die positiven und negativen Signale, die diese Begriffe aussenden, sind wirr. Arm sein? Das ist verachtenswert, das schränkt das Leben ein, es gibt dem Leben eine verstörende Unsicherheit. Wer will schon ein »armer Teufel« sein? Anderseits: Arm zu sein, einfach zu leben, bedürfnislos zu sein und auf Ballast zu verzichten, das klingt anziehend. Freiwillig arm, genügsam zu sein ist eine biblische Tugend.

Das Reichsein ist ebenso schillernd: Reichtum setzt sich dem Verdacht der Vulgarität aus. Der Reiche ist angeberisch, oberflächlich, ichbezogen und geizig – das sind nur einige Vorurteile. Doch Reichtum gibt Sicherheit und Freiheit, er ist die Voraussetzung, dass die Not anderer Menschen gelindert wird. Unsere Gesellschaft könnte nicht existieren, wenn Reiche nicht freiwillig einen Teil ihres Vermögens abträten.

Grundsätzlich: Das Ideal ist nicht, arm zu sein oder reich, sondern das Ideal ist die *Fülle*. Jedem Menschen sollte so viel zugemessen sein, wie er braucht: ein volles Maß. Kein überfließendes Maß, nichts Über-Flüssiges. Auch kein halbes Maß. Wo also liegt der richtige Weg zwischen diesen beiden Polen zum rechten Maß?

Als Erstes sollten wir den materiellen Besitz entmythifizieren. Die Gesellschaft heftet uns Etiketten an, die uns nach ihrer Vorstellung in Arm und Reich spalten. Ob jemand ein Haus besitzt oder ein Zimmer mietet, in Bayern oder in Miami Urlaub macht, bestimmt jedoch niemals seinen Wert. Weder Reichtum noch Armut sind aus sich ein (Un-)Wert. Weder Reichtum noch Armut sind Ideale, sie sind als solche nicht erstrebenswert. Die Qualität unseres Lebens hängt davon ab, ob wir den Gordischen Knoten der wirren Emotionen, die in das Armsein und Reichsein hineinverwoben sind, durchschlagen.

Wichtig ist, dass wir das Maß erkennen, das uns zusteht. Die Fülle ist für jeden Menschen etwas anderes. Unsere Pflicht ist es, die eigene Fülle zu erspuren, und das heißt, maß-voll zu sein und ohne Gier bei diesem vollen Maß zu bleiben, auch wenn der Verdienst, das Prestigebedürfnis, die Sehnsucht nach Bequemlichkeit, nach Sicherheit, nach Freiheit uns dazu drängen, über-mäßig zu werden.

Mahatma Gandhi propagierte das Prinzip des »Trusteeship«. Es besagt, dass alle Menschen das Recht haben, gerade so viel zu besitzen, wie sie nach ehrlicher Gewissensprüfung notwendig brauchen, um ihr Leben voll zu entfalten – nicht mehr. Jedes Mehr wäre Diebstahl an denen, die weniger materielle Mittel zur Verfügung haben. Besitz »gehört« keinem, warnt Gandhi, sondern er ist uns lediglich zur Verwaltung gegeben. Wer frei von Gier ist, kann das Maß des Besitzes für sich gerecht entscheiden.

Wichtig ist, was wir mit dem, was wir besitzen, tun. Das Kapital zeigt sich nur, wenn es arbeitet. Es soll nicht ruhen, nicht brachliegen. Ein Buch in unserer Bibliothek, das zwanzig Jahre niemand aufgeschlagen hat, ist toter Besitz, kein arbeitendes Kapitel. Darum kann es dorthin abgegeben werden, wo das Buch Leser findet. Ein Anzug oder ein Kleid, das wir nur einmal in zwei Jahren tragen, beschwert uns. So viele Dinge drücken auf uns, deren Schwere wir erst spüren, wenn wir sie abstoßen. Dann atmen wir auf.

Nur die Menschen, die das rechte Maß gefunden haben, können sich an dem maßvoll Wenigen, das sie als Besitz brauchen, erfreuen. Das von der Gier Gesammelte dagegen kann niemanden erfreuen, denn Gier hat nie genug, und inmitten ihrer Opulenz fühlen sich gierige Menschen immer ärmer. Maßvolle Menschen freuen sich, weil sie mit ihrem materiellen Besitz in eine lebendige Beziehung kommen: mit ihrem Werkzeug, mit ihrem Feld oder ihrem Auto, ihrem Haus oder ihren Büchern. Das Wenige können wir genießen; das Viele muss man verwalten.

Zeit haben und ein Werk schaffen

»Wir haben leider keine Zeit!« *Wer hat* die Zeit? – Nicht einmal leichthin ausgesprochen ist diese Aussage annehmbar. Tag für Tag erleben wir, dass die Zeit uns nicht gehört. Wenn uns nicht von Vorgesetzten oder Familienangehörigen vorgegeben wird, wie wir unsere Zeit auszufüllen haben, dann tun es finanzielle Zwänge, gesellschaftliche Pflichten, körperliche Notwendigkeiten. Wenn wir jemandem einen Besuch abschlagen mit dem Hinweis: »Ich habe keine Zeit«, heißt das nur, dass heute andere Tätigkeiten Vorrang haben. Wir alle »haben« vierundzwanzig Stunden am Tag Zeit. Prioritäten in unserer Zeitgestaltung können jedoch schon kleine Vorfälle umstoßen: ein Anruf, eine E-Mail, ein Stolpern, ein Nießen …

Nur wer die Zeit als ein Geschenk des Lebens erfährt und dieses Bewusstsein jeden Tag lebendig hält, der handelt wirklichkeitsnah. Wir dürfen uns nicht der Illusion hingeben, über die Zeit zu verfügen, sie nach unseren unverrückbaren Plänen einzuteilen und auszufüllen. Wir können nur die Freiräume, die uns die Zeit gibt, in Demut annehmen. Jeden Morgen müssen wir neue Entscheidungen fällen, damit wir die uns angebotenen Handlungsräume nutzen.

In diesen Handlungsräumen, die wir von Tag zu Tag neu gewinnen, können wir ein Werk unter den Menschen entfalten. Nichts zeigt uns unser Ausgeliefertsein an einen höheren Willen klarer als unsere Bemühung, über Monate und Jahre hindurch ein Werk zu schaffen, sei es einen Betrieb oder eine Arzt- oder Rechtsanwaltspraxis aufzubauen, sei es eine Karriere als Beamter oder Angestellter voranzutreiben, sei es ein Buch zu schreiben. Das ist eine riskante Sache, denn plötzlich nimmt dieses Werk eine Gestalt an, die wir nicht vorausgesehen haben. Wohin bewegt es sich, wann wird es unterbrochen? Viele Menschen geben auf, sie lassen sich treiben, sie versuchen nicht mehr, ihre freien Handlungsräume zu gestalten. Aber ist das eine Lösung?

Die Lösung ist wie stets ein kluges Auspendeln der Pole. Dieselbe Strenge, mit der uns die Zeit Handlungsfreiheit zuteilt, sollten wir auch in der Erfüllung dieser Zeit anwenden. Die Zeit, die uns gegeben wird, nutzen wir konzentriert. Zurückblickend erkennen wir, dass nicht die Dauer, die uns für ein Werk zur Verfügung stand, nicht einmal das Maß des Erfolgs oder Misserfolgs entscheidend war für unsere Erfüllung, sondern die Intensität, mit der wir es betrieben haben.

Mit dieser Intensität – dem »Glühen« in uns – werden wir unsere Entscheidungen angemessen fällen: Wie werden wir die uns gegebene Zeit ausfüllen? Wie viel davon können wir in den Dienst des Werkes stellen, wie viel brauchen wir zur Muße, zum Gebet, zur Lektüre, zur Meditation, für Musik und Kunst, für Erfahrungen und zur Erholung? Mit derselben Strenge, die wir von uns fordern, um ein Werk schaffen, erlauben wir uns die angemessene Zeit für diese Tätigkeiten. Sie sind keine Vergeudung, keine unerlaubte Leere, kein Abbruch unseres Werkes, sondern ein dankbares Genießen des Zeitgeschenks. Darin kann auch, oft unerwartet und überraschend, das Werk weiterwachsen durch neue Ideen und Entschlüsse.

Engagement und Loslösung

Die Menschen zu lieben wie sich selbst, gilt den Christen als das höchste Gebot, das uns wie kein anderes herausfordert, bis an unsere Grenzen zu gehen. Dieses Gebot zeichnet Christen aus, denn keine andere Religion, auch nicht der Hinduismus und der Buddhismus, hat mit derselben Radikalität die Liebe zu den Menschen verlangt. Weltweit erkennt man die Christen an ihrem Engagement für andere. Selbst viele jener Menschen im christlich geprägten Teil Europas, die sich nicht als Christen bezeichnen, bekennen sich noch zu dieser Tradition.

Kann es zu diesem Gebot überhaupt einen positiven Gegenpol geben? Ist es nicht absolut und unantastbar? Ich habe den Begriff der Loslösung als Gegenpol gewählt. Wir bringen ihn mit den in Asien entstandenen Religionen in Verbindung. Sich vom Alltagsgeschehen, von der »Welt« zu lösen, weil sie nicht wesentlich sei, nicht wirklich, nur Illusion, das gebieten der Hinduismus und

Buddhismus. Die Gläubigen sollen sich zunächst loslösen, damit sie umso leichter der »eigentlichen Wirklichkeit«, nämlich Gott, gewahr werden.

Wo ist dabei der Ort für die tätige Liebe zum Menschen? Sie spielt hier auch eine Rolle, aber eine untergeordnete. Der Hindu-Heilige Shri Ramakrishna riet seinen Schülern beispielsweise, sich zuerst ganz der Liebe zu Gott hinzugeben. Erst nachdem sie »Gott geschaut« haben, sollen sie unter den Menschen tätig werden.

Wie lange wird es dauern, bis man Gott schaut? Kann dieser Prozess überhaupt abgeschlossen werden? Ist es nicht ein ewiges Fortschreiten zu Gott hin? Wie viel Lebenszeit bleibt noch für die Menschen? Das scheint nicht der Weg zu sein, den wir Christen gehen wollen. Dennoch deutet Shri Ramakrishna etwas Wahres an: Das Werk unter den Menschen soll uns nicht von Gott wegführen. Wir brauchen, wie stets, das rechte Maß zwischen den Polen der Gottesliebe und der tätigen Menschenliebe, zwischen Loslösung von der Welt für Gott und dem Engagement für die Menschen.

Häufig ist das Engagement für die Menschen Eskapismus: Wir lenken uns ab, um nicht an unsere persönliche Not zu denken – an Partnerschafts- und Berufsprobleme, an Einsamkeit, Glaubenszweifel, Vernachlässigung durch unsere

Umgebung und Minderwertigkeitsgefühle. Dann wird das Werk unter den Menschen zum Egotrip, um sich mit dem eigenen Namen und der eigenen Person hervorzutun.

Um diesen Gefährdungen zu entgehen, ist es wichtig, regelmäßig einen Abstand zu unserem Alltag der guten Werke zu schaffen, etwa durch das Gebet, durch Meditation, durch räumlichen Wechsel und Entfernung, durch Wanderungen, durch Muße oder schlichtes Innehalten. Hier ist die Loslösung ein notwendiger Pol zum Engagement, weil wir nur so den Überblick über unsere Werke behalten. Nur so verstricken wir uns nicht in Eifersucht und Wettbewerb, in berechnendes Effizienzstreben und ähnliche Äußerlichkeiten, sondern behalten den Blick auf die Erfüllung der Liebe. Nur so bleiben unsere Motive zur liebenden Tätigkeit selbstlos.

Die Erfahrung lehrt, dass die Liebe zu Gott, die wir durch Gebet und Meditation in uns nähren, sobald sie stärker und tiefer wird, wie von selbst zur liebenden Tätigkeit unter den Menschen führt. Wir fühlen uns dazu unabweisbar gedrängt. Hier finden wir Shri Ramakrishnas Logik bestätigt, dass wir nämlich zuerst Gott lieben sollen – alles andere kommt wie von selbst; es wird uns gezeigt.

Zuverlässigkeit ist

ein Stück Himmel

auf der Erde

Zuverlässigkeit und Unabhängigkeit

Zuverlässigkeit ist ein Stück Himmel auf Erden. Wenn ein Mensch gegenüber einem anderen eine lange Zeit trotz persönlicher Probleme, schwankender Gesundheit und wechselhafter Stimmungen unbedingt Wort hält, zuverlässig bleibt, so transzendiert dies die Willkür der Zeit und die melancholische Vergänglichkeit allen Lebens. Es ist ein Triumph der Liebe und Hinwendung über alle Hindernisse hinweg.

Zuverlässigkeit ist selten, weil wir uns ungern so rigoros binden, wie es diese Tugend gebietet. Sie setzt stete Wachsamkeit, innere Bereitschaft voraus, von der nichts uns entpflichtet, nichts. Mütter besitzen diese Zuverlässigkeit, wenn sie ihre Kinder aufziehen. Sie müssen für sie Tag und Nacht verfügbar sein, damit sie bekommen, was sie zum Leben brauchen.

Viele Mütter pflegen diese Zuverlässigkeit weiter, wenn ihre Kinder nicht mehr von ihnen abhängig sind. Sie drücken durch ihr Leben weiter aus: *Ich bin da!*

Zahlreiche Tugenden sind leichter zu befolgen als die Zuverlässigkeit. Sie entfalten eine Dynamik, die die Menschen mitreißt: Die Liebe beschwingt Willen und Gefühl, die Hoffnung und Gerechtigkeit gewinnen ihre Kraft von den Zielen, um die sie kämpfen. Die Tapferkeit gewinnt ihre Energie von dem Konflikt, um dessen Lösung willen wir tapfer sind. Dagegen hat die Zuverlässigkeit keinen Gegenstand, keine Inspirationsquelle, die ihr Kraft zuführt. Zuverlässigkeit folgt dem *Willen* zur Zuverlässigkeit, dem Pflichtgefühl, dem Bewusstsein eigener Verantwortung. Das sind dürre Stützen.

Zuverlässigkeit ist wie der *basso continuo*, der den vielfältigen Lebensmelodien, auch den traurigen, den gelangweilten, den irritierten, unterliegt; fast unmerklich, wie selbstverständlich klingt er weiter und gibt den Melodien ihren Takt. Der Ton ist unbeirrbar, unverführbar, nichts bringt ihn aus dem Rhythmus.

Unabhängigkeit genießt bei uns aufgeklärten, modernen Menschen höheres Ansehen als Zuverlässigkeit. Zu Recht gilt es als stark und mutig, unabhängig zu sein. Wir brauchen lange, bis wir alles Erlernte, Überkommene, alle Konventionen auf ihre Echtheit geprüft haben und wir uns dann entscheiden: *Das* will ich annehmen, *jenes* nicht. Unabhängigkeit beraubt uns vieler liebgewonnener Stützen, die uns die Gesellschaft gegeben hatte, und durch sie verlieren wir oft den Zuspruch der Familie. Eine mutig erkämpfte Unabhängigkeit verdient unsere Anerkennung, sogar Bewunderung. Unabhängige Menschen leben inmitten eines Sturms von Meinungen, von Sympathie oder Antipathie; sie handeln, um ihren Kurs zu halten, mit Bedacht und kühlem Kopf.

Diese Menschen sind jedoch auch in der Gefahr, egoistisch sich nicht mehr des gesellschaftlichen Zusammenhangs bewusst zu bleiben, in dem sie ihre Unabhängigkeit verwirklichen, und die Situation anderer Menschen in ihrer Umgebung aus dem Blick zu verlieren. Unabhängige Menschen lassen sich leicht von der Dynamik hinreißen, die ihr Ideal entfacht.

Die indische Philosophie lehrt, dass »alles mit allem zusammenhängt«: Wir leben in einem dichten Netz von Beziehungen, die Bewegungen der Natur, die Gedanken der Menschen, die Taten von Natur und Menschen sind eng miteinander verwoben. Weil in Amerika ein Stein auf einen Fußgänger trifft, fällt in China ein Mensch zu Boden. In Brasilien vergießt ein kleines Mädchen Tränen, deshalb kann in Australien eine Mutter nachts nicht schlafen. Absurde Beispiele? – Vielleicht.

Doch aus unserer Erfahrung kennen wir zahlreiche andere, wie sich gleichzeitige, aber unterschiedliche Ereignisse geheimnisvoll anziehen und sich miteinander verknüpfen. Warum dieser Gedanke? Das komplexe Beziehungsgeflecht, in dem wir uns bewegen, grenzt unsere Möglichkeiten ein, unabhängig zu sein. Ebenso relativiert es unseren Willen zur Zuverlässigkeit. Alle, die entschlossen sind, zuverlässig oder unabhängig zu leben, wehren sich gegen die Abhängigkeit vom Alltag. Sie einzudämmen, möglichst frei und selbstbestimmt zu leben ist das Ziel, gleichgültig, welchen Pol wir dabei betonen, den der Zuverlässigkeit oder den der Unabhängigkeit. Dass dieses Beziehungsgeflecht aber Gutes und Tröstliches hat, dass es uns trägt, uns in Krisen emotionale Sicherheit gibt, ist zu bedenken, wenn wir Zuverlässigkeit und Unabhängigkeit gegeneinander abwägen.

Ziel ist, uns selbst – unseren Talenten und Fähigkeiten und der eigenen Lebensgeschichte – und ebenso den Menschen um uns gerecht zu werden. Das Bild ist wieder die Waage, deren Schalen aufeinander abgestimmt werden, um Gerechtigkeit zu schaffen. Zuverlässigkeit kann kein absoluter Anspruch sein, ebenso wenig wie Unabhängigkeit.

Nüchternheit und Begeisterung

Begeisterungsfähig zu sein, gilt als positiv. Ist die Fähigkeit, nüchtern zu sein, überhaupt eine Fähigkeit, werden viele fragen. Es gibt sie, und sie ist ebenso wichtig. Deutsche klassische Dichter sprachen sogar von der »heiligen Nüchternheit«.

Nüchtern zu sein ist nicht bloß Sache des Temperaments, sondern eine Entscheidung. Sie bedarf der Einübung wie alle Fähigkeiten. Nüchtern zu sein ist nicht gleichbedeutend mit trocken, einfallslos, langweilig oder leidenschaftslos. Nüchternheit ist jene Haltung, die abwägt, welche genaue Bedeutung einer Sache, einer Person, einer Handlung oder einer Situation beizumessen ist. Es ist sehr schwer, Urteile zu fällen, besonders über Personen. Darum wird man dies niemals abschließend können, sondern sich stets offen halten, Urteile zu ändern und anzupassen. Um dies zu leisten, brauchen wir die Nüchternheit, die sich keine Meinung und kein Urteil leicht macht, der Spontaneität misstraut und uns rät, Halt zu machen. Sie fragt: Worauf beruht diese Meinung? Was gibt mir die Berechtigung zu diesem Lob oder zu dieser Kritik? Ist die Grundlage für meine Äußerung genügend gesichert, oder gibt es Gründe zum Zweifel?

Die Nüchternheit erkennt den Zweifel als Tugend an. Dieser muss allerdings konstruktiv bleiben, das heißt, zu einem klaren Ergebnis führen, anstatt in die Ausweglosigkeit zu fallen, in platte Negation.

Nüchterheit ist vor allem gegenüber den »großen Gefühlen« geboten: Nichts ist verführerischer, als die große Liebe, die große Freude, die große Trauer, die große Verzweiflung aufzubauschen, demonstrativ auszuleben, sich darin zu bespiegeln, sie zu »feiern«. Darin liegt immer ein Zuviel an Ich-Bezogenheit. Solche Gefühle heroisieren ihre Ursachen und Gegenstände, weil sie die eigene Person im Mittelpunkt erleben. Große Gefühle sehen nicht den Gesamtzusammenhang, in den ihre Ursachen und Gegenstände eingebunden sind.

Die Erkenntnis der Zusammenhänge dagegen reduziert stets das Ich-Gefühl, man wird sich bewusst, dass viele Personen und unterschiedliche Einflüsse zu einer Situation beigetragen haben, die ein solch mächtiges Gefühl evoziert. Die Nüchternheit durchschaut die großen Gefühle in ihrer

Hohlheit und Unbeständigkeit und hält beharrlich an der Erkenntnis der Zusammenhänge fest.

Hat also Begeisterung keinen Platz in unserem Leben? Als Gegenpol zur Nüchternheit ist Begeisterung willkommen. Sie hat nichts mit Rausch, Ekstase, Verzückung zu tun. Das Wort »Begeisterung« enthält »Geist«: Wir öffnen uns für den Geist, er fließt in uns ein. Begeisterung kommt von außen und trifft uns. Sie kommt aus dem Ursprung unserer Existenz, sie erschüttert uns, bedrängt uns, überwältigt unsere Willenskräfte, die sich oft dagegen wehren. Begeisterung ist elementar. Die Symbole des Geistes sind darum die Elemente Feuer, Wasser und Luft. Da sind die Flammen, die auf die Apostel Jesu herabfallen, als sich der Geist in sie goß. Da ist das »Wasser des Geistes«, das Jesus der Samariterin am Brunnen versprach. Da ist die Stimme des Geistes, die sich Moses einmal im Sturm, dann im säuselnden Wehen mitteilt.

Begeisterung entsteht also nicht aus Ich-Bezogenheit, sondern sie fegt den Egoismus hinweg. Begeisterung drängt uns, aus unserem Ego herauszutreten. Die Religionen kennen Techniken, diese Begeisterung hervorzurufen: Der Tanz, die ständige Wiederholung von Litaneien und Liedern, kurze, stumme Gebete oder Anrufungen sind Beispiele dafür.

Die Nüchternheit dagegen muss dafür sorgen, die echte und tiefe Begeisterung von einem Ego-Trip, von Selbstsucht zu unterscheiden. Das ist ihre Verantwortung.

Im Hellen und im Dunklen leben

Unsere Sehnsucht nach Licht bestimmt unseren Lebensrhythmus. Im Winter fliehen wir in den Süden, im Sommer verbringen wir so viel Zeit wie möglich im Garten, auf Balkon und Terrasse, in Straßencafés und Gartenrestaurants. Unser Drang, aus den Mauern herauszutreten, die Sonne zu spüren, am Strand, auf Wanderungen uns von unseren Kleidern zu befreien, um so nah am Licht wie möglich zu sein, und seine Quelle, die Sonne, unmittelbar auf der Haut zu fühlen, dieser Drang ist grenzenlos und fantasiereich. Die Fenster unserer Häuser sind groß, wir haben einen Wintergarten, eine Dachterrasse. Wir scheinen uns geradezu gegen das Dunkle zu verschwören.

Und doch wenden wir uns im Alltag so häufig von dem natürlich fließenden Licht ab: Wir suchen die künstlich abgedunkelten Räume, wenn wir am Computer und vor dem Fernseher sitzen. Das sind für viele Menschen zahlreiche Stunden des hellen Tages. Unsere Abhängigkeit von Internet und Fernsehen für den Beruf, zur Kommunikation und zur Unterhaltung ist erschreckend. Wir fühlen uns vom Sonnenlicht geblendet. Die große Sonne wird uns zum Symbol für die Unsicherheit des Lebens, das kleine Viereck der beleuchteten Computer- und Fernsehmonitore vermittelt uns Überschaubarkeit.

Die leidenschaftlichste und geheimnisvollste Tätigkeit verlangt oft nach Dunkelheit, sodass nur das abgedunkelte Zimmer dafür angemessen ist: der Akt der Liebe. Wenn die Liebenden ihre Körper berühren und sich liebkosen, wollen viele ihre Zeichen der Zuneigung im Dunklen offenbaren, nicht, wenn sie sich anblicken, nicht, wenn diese Zeichen durch das Licht »öffentlich« werden. Ihnen gilt ein Kuss bei offenen Augen als eine Beleidigung der Gefühle. Ein Blick ist zu grob, zu oberflächlich und verursacht peinliche Gefühle.

Das Maß zwischen Hell und Dunkel liegt im Bereich des Schattens. Er ist unser Schutz. Wir können die Sonne nicht direkt anblicken, nicht einmal im Winter. Wir schauen auf das Licht der Sonne nur mittelbar beim Anblick des Mondes und im Schutz der Schatten. Der Schatten kühlt, er tut wohl, er lässt uns die Sonne genießen, ohne dass sie uns mit ihrer Nackheit niederschlägt.

Wir benutzen Sonnenbrillen, Jalousien, Vorhänge, Sonnenschirme – viele Dinge, die zwischen die Sonne und uns treten, um uns vor ihr zu retten. Der Schatten ist der Filter, durch den die grelle Wirklichkeit erträglicher wirkt.

Schatten verstehen wir oft als »Zwielicht«, sie sind weder hell noch dunkel, sie ziehen Substanz aus beiden Sphären, sie sind ambivalent, wirklich-unwirklich, geisterhaft. Wir projizieren unsere Angst vor dem Dunkeln, das Formen und Farben löscht, in die Schatten, die doch Schutz sind, aber auch Bedrohung werden können. Sie sind wie die Flügel großer Vögel, die ihnen erlauben, herrlich in die Luft zu steigen, uns aber unheimlich erscheinen.

Die nur unter der Sonne wandern und einzig ihre helle Eindeutigkeit gelten lassen, begeben sich in die Gefahr, versengt zu werden. Die sich nur in abgedunkelten Räumen wohlfühlen, werden eines Tages von ihrer Ängstlichkeit überwältigt. Im Schatten ist es gut zu leben, etwa in den changierenden, fließenden Schatten von Bäumen – nahe am Licht und ebenso nahe der Ahnung des Dunkels. Das Schützende der Schatten muss immer neu errungen und verdient werden durch die Entscheidung, uns mit Mut beidem auszusetzen: dem Feuer der Sonne und der Schwärze der Nacht.

Im Warmen und im Kalten leben

Jeder ersehnt Wärme und scheut Kälte – so ist es doch? Wir tragen Kleider, um uns gegen die Kälte zu schützen, um unsere Körperwärme zu bewahren. Wir genießen die warme Sommersonne auf unserer Haut. Das Leben scheint angenehm zu sein, wenn unsere Körper eine wohltuende Temperatur umgibt.

Diese Suche nach Wärme spiegelt sich in den Bildern unserer Sprache: Ein guter Mensch ist »warmherzig«, ein suspekter Charakter »kaltblütig«. Man beachte hierbei den Gegensatz von Herz und Blut: Das Herz ist der Sitz der Gefühle, das Blut der der Instinkte. Gefühle werden mit Weichheit und Hingabe assoziiert (obwohl Gefühle heftig und destruktiv sein können), Instinkte verbinden wir dagegen mit Härte, Selbstsucht, Brutalität. Wie in der Physik: Wärme expandiert, und Kälte kontrahiert. Wärme strahlt nach außen, Kälte kapselt sich ab. Wärme umfängt die gesamte Umgebung, die Menschen, die Natur in ihrer Großzügigkeit. Kälte ist wie ein Eisblock, der isoliert bleibt und sich mit niemandem und nichts verbinden kann.

Doch wenn wir das Rad der Bedeutungen weiterdrehen, verwandelt sich der Gegensatz von Wärme und Kälte in eine vieldeutige Polarität: Was zu warm wird, was heiß ist, regt die Sinne auf, erhitzt die Gefühle, versengt. Aus dem fürsorglichen Erwärmen wird ein Fieber, aus den wärmenden Strahlen wie durch ein Brennglas ein Feuer. Wenn Wärme auf Widerstand stößt, entsteht Reibung. Wird sie zu heftig, bewirkt sie ein Glühen und Zerstören.

Kalt, emotionslos zu sein gilt nicht als Kompliment, wohl aber kühl oder *cool* zu sein – das heißt distanziert, kontrolliert, über den Dingen stehend. Kühle hat heilende Kräfte, das wissen alle, die einmal einen verstauchten Knöchel oder einen gezerrten Muskel behandeln mussten. Kalte Umschläge betäuben den Schmerz. Kälte dringt auch in fremde Substanzen ein und kann Überhitztes dämpfen.

In Indien gelten gewisse Speisen als »kühlend« und andere als »erhitzend«. Kühlend bezieht sich dabei zunächst auf den Magen, der gekühlt, beruhigt werden muss, wenn die Speisen zu scharf gewürzt waren oder der Körper unter der Hitze leidet. Kühlende Speisen besänftigen aber auch, so die indischen Lehrer, Emotionen wie Zorn, Gier und sexuelle Erregung. Eine Gurke und eine Schale Jogurt tun nicht nur dem Magen gut, sondern außer dem Körper auch dem Gemüt. Sie beschwichtigen die Instinkte. Darum warnen indische Lehrer davor, erhitzende Speisen zu essen, etwa dunkles oder nur halb gar gekochtes Fleisch, Gepfeffertes, Gemüse, das aus der Erde geerntet wird, wie Kartoffeln und Rüben. Man mag diese Unterscheidungen belächeln und als unwissenschaftlich abtun, aber die Erfahrung zeigt, wie wirkungsvoll es ist, Kaltes und Warmes, Kühlendes und Erhitzendes zu unterscheiden und für Körper und Gefühl einzusetzen.

Gewöhnung und Kreativität

Jeder möchte kreativ sein. Kreativität ist sogar ein beliebtes Wort in der Werbung geworden. Sie wird so hoch bewertet und gepriesen, weil mit diesem Begriff die Vorstellung der Entgrenzung entsteht, der Entfesselung unserer Gedanken und Gefühle, der Freiheit. Die Sehnsucht nach dem Ungesagten und Ungedachten und noch Unerlebten wird wach, als könne dies uns noch einmal neu beginnen lassen und uns in mutigere und großzügigere Lebensbereiche lenken, weg von der Routine.

Kreativität reicht über uns hinaus; in ihr bekommt unser Traum von der Transzendenz Flügel. Jede kreative Tätigkeit hat den Zug zum Spirituellen, weil sie außerhalb des Konkreten, Tatsächlichen, sinnenhaft und intellektuell Fassbaren unbekannte Räume aufschließt. Man mag sich vor ihnen fürchten, doch stärker ist meist die Sehnsucht nach dem Neuen.

Manche haben großen Respekt davor und vielleicht sogar so etwas wie Scheu, weil Kreativität etwas erschafft, das zunächst keinen Namen und keine Form besitzt. Wir müssen es erst in unsere Denk- und Fühlstrukturen einordnen, dieses Etwas benennen und ihm eine Form geben, damit wir darüber denken und sprechen und es in unser Handeln aufnehmen können. Bei diesem Vorgang fordert dieses »Etwas« unsere bisherigen Denk- und Fühlweisen heraus – das ist seine Aufgabe. Diese Herausforderung anzunehmen ist nie leicht, weil niemand Gewohntes gerne aufgibt. Wer weiß, woran man sich stattdessen gewöhnen muss?

Gewöhnung ist als Gegenpol zur Kreativität eine Notwendigkeit. Menschen, die im Extrem des kreativen Pols bleiben, laufen Gefahr, sich in den neuen Räumen ihrer Fantasien und Gefühle zu verirren und an kein Ende zu kommen. Kreativität bedeutet die Entbindung von Denkgewohnheiten, von Lebenskonventionen, bedeutet die Rückkehr ins Ungeschaffene, Ungeformte und Unstrukturierte. Wie viele Menschen verlieren den inneren Halt, wenn sie diese Bindungslosigkeit der schöpferischen Prozesse spüren. Kreativität braucht Erdung. Der Luftballon Fantasie muss an die Leine der Gewöhnung gebunden und die Leine an einem Pflock im Boden befestigt werden. Gewöhnung ist die Form, in die sich die kreative Energie gießt.

Wir finden die geeignete Form und integrieren sie in unser alltägliches Leben. Zwar sind wir offen für Aufbrüche und Veränderungen, doch nur Menschen, die bei aller Wachheit und Bereitschaft für Wandlungen auch eine klare Lebensstruktur besitzen, die sich aus den Gewohnheiten kristallisiert, und sich auf sie verlassen, können ihre kreativen Kräfte zu einem Werk formen.

Denken und Kontemplation

Denken macht traurig, bekannte der große Kulturwissenschaftler George Steiner in hohem Alter. Warum? Seine Begründung war, dass Denken an kein Ende kommt. Kein grundsätzlicher, kein noch so beglückender Gedanke ist end-gültig. Unser Gehirn denkt weiter und weiter, den Tag lang, bis wir einschlafen. Diese Unaufhaltsamkeit der Gedankenkette kann traurig machen, sogar verzweifeln lassen. Würden doch die Erkenntnisse, die wir denkend gewinnen, Teil unserer Persönlichkeit werden, könnten wir unsere Gedanken doch unmittelbar in Handlungen umsetzen! Aber nein, wir denken weiter, kommen immer zu denselben Schlüssen und Entscheidungen, doch an unserer Lebensweise ändert sich wenig, wenig ändert sich so konkret und unwandelbar, dass wir uns darauf verlassen könnten. Immer wieder gibt es Einbrüche und Rückschritte, die unsere guten Vorsätze durchkreuzen! Warum können wir unserem Denken so wenig vertrauen?

Mehr als Denken ist notwendig: Wir brauchen einen Gegenpol, der den Fluss des Denkens eindämmt, einen, der das Immer-Denken nicht verneint, es aber auf eine höhere Stufe hebt, auf der wir nicht zwanghaft weiterdenken müssen.

Dieser Gegenpol ist die Betrachtung: Wir schauen auf eine Wiese, auf einen Berg, auf einen Baum. Auch nachdem wir ihn mit den Augen aufgenommen haben, schauen wir weiter, und zwar nicht, um neue Informationen zu sammeln, sondern um uns diesen einen Blick einzuprägen. Dem Immer-Anderen des Denkens stellen wir den Pol des Ständig-Gleichen gegenüber. Sinkt diese Betrachtung in uns ein, setzt sie sich als inneres Bild in uns fest. Und weiter: Erweckt sie in uns die Ahnung der Weite in Zeit und Raum, dann wird Betrachtung zur Kontemplation.

Kontemplation wendet die Betrachtung äußerer Dinge nach innen. Jene, die nach einer Weile der Betrachtung etwa der Natur darin Befriedigung empfinden, haben das Bedürfnis, diese Bilder zu verinnerlichen, damit die Befriedigung dauerhafter wird.

Je dauerhafter Kontemplation ist, desto kräftiger und reicher entsteht in uns das Bewusstsein des Ewigen und Endlosen. Auch wenn die Kontemplation uns zunächst erschreckt, ist sie uns bald unverzichtbar; jeden Tag empfinden wir den Sog nach ihr. Dabei erholen wir uns nicht nur vom Denken, viel mehr noch entsteht, was unaussprechbar ist – und unausdenkbar. Daraus folgt nicht, der erste Pol, das Denken, sei nun ersetzbar geworden. Wer nur den Honig der Kontemplation saugen will, setzt sich der Gefährdung des Egoismus aus. Das Denken – das planende, strukturierte, wertende Leben unter den Menschen – ist ebenso wesentlich. Niemand kann in der Kontemplation, mag sie noch so verführerisch sein, ausharren. Das Leben innerhalb von Zeit und Raum kann niemand aufgeben. Diese Tragik des Immer-weiter-Denkens, aus der George Steiner keinen Ausweg sah, kann aber gemildert, vielleicht sogar aufgelöst werden, wenn die Kontemplation das Denken ergänzt und berät und dem Denken zur Erholung und Anleitung dient.

Beginnen und vollenden

Wer einmal begonnen hat, hat die Wahl abzubrechen oder bis zum Schluss durchzuhalten. Mit diesem Wissen beginnen wir ein Werk: Wir brauchen nicht durchzuhalten, wir können abbrechen. Das macht den Beginn einerseits leichter, weil wir die Last des Durchhaltens ignorieren können; anderseits aber schwerer, weil das Durchhalten der eigenen Verantwortung anheimgestellt ist.

Viele rühmen sich, niemals etwas Begonnenes unvollendet zu lassen. Sie spüren im Beenden einen Heroismus, eine menschliche Größe. Das Durchhalten als solches wird zum Ideal. Doch sollten die Notwendigkeit und der Wert des Ergebnisses im Mittelpunkt stehen.

Die Frage, die wir uns zu Beginn und an jeder Etappe des Weges stellen, lautet: Lohnt die Energie, die Zeit, der materielle Aufwand, um ein bestimmtes Ergebnis zu erreichen? Sollen wir eine Bekanntschaft fortführen? Sollen wir eine Reise wie geplant beenden? Sollen wir eine Arbeit, einen

Hausbau, die Verantwortung für einen bestimmten Menschen bis zum Ende übernehmen oder weiterführen? Lohnt es sich, die Widerstände zu ertragen und zu überwinden? Was geschähe, wenn ich aufgäbe? Wäre der Schaden für die anderen Menschen groß? Ist der Abbruch eine Niederlage für mich? Warum wäre es eine Niederlage?

Solange wir den Heroismus des Durchhaltens im Kopf mittragen, sind wir nicht frei, um derartige Fragen zu beantworten. Solange wir uns von der Außenwelt beeinflussen lassen, die nur die Oberfläche erkennen kann, nicht jedoch die inneren Beweggründe einer Entscheidung, denken und handeln wir im Sinn von »Sieg« und »Niederlage« und lassen uns dadurch oft verletzen und beschämen.

Die Niederlage kann aber auch im Fortsetzen und Beenden liegen. Das Zuendeführen beinhaltet zwar ein großes Potenzial an Selbstbestätigung, aber einmal geschehen, kann die Einsicht wie eine Bombe platzen: Das Ergebnis ist gering, unsicher; es war Zeit- und Energievergeudung – ich hätte es voraussehen müssen.

Wir sollten uns auch hier davor hüten, uns im Käfig der Gewohnheit einzuschließen, also etwas nur fortzuführen, weil das der einmal eingeschlagene Weg ist, weil uns nichts anderes einfällt und wir aufgehört haben, uns zu prüfen, abzuwägen und zu suchen. Abbruch kann ein Einsehen in Unmögliches sein, ein Einlenken, eine Rettung, sogar Erlösung. Abbruch wird zu einem Akt der Demut. Dazu wollen wir fähig werden.

Nur wenn der Beginn eine klare Richtung vorgibt, der Wille sowie die Begeisterung unser Tun weitertragen und zu einem Ende führen, das den Beginn, die Mühe und die Idee unseres Handeln in sich aufnimmt und abschließt, dann können wir von Vollendung sprechen. Darin ist dann eine Fülle, die in der Natur selbstverständlich ist, etwa in der Vollendung eines Samenkorns in der Pracht des erblühten Baumes, die beim Menschenwerk jedoch auch Glück und Gnade braucht.

Zu den Bilder

SEITE 5
Eine Dorftänzerin in dramatischer Tanzhaltung.

SEITE 15
Ein Marktjunge wiegt einen großen Fisch mit seiner Handwaage ab.

SEITE 39
Eine Artistenfamilie kommt ins Dorf und führt ihre Künste auf dem rasch aufgespannten Seil vor.

SEITE 47
Ein spielender Junge hält sich an einem Ast fest, um hin und her zu schwingen.

SEITE 65

Ein alter Bauer braucht einen Stock zum Gehen.

SEITE 79

Eine Frau hält ihr Kind auf der Hüfte, trägt einen vollen Wassereimer in der anderen Hand und balanciert zusätzlich einen Krug auf dem Kopf.

SEITE 97

Die indischen Stammesbewohner lieben Musik und Tanz. Frauen- und Männerreihe bewegen sich stets getrennt. Aber auf dem Höhepunkt des Tanzes balancieren die Männer mit Trommeln auf den Rücken der Frauen.